PACTE MARITIME.

PACTE MARITIME,

Adressé aux Nations neutres,
Par un Neutre.

CONTENANT:

§ 1. Dissertation sur une prétendue loi des Nations, et sur les droits du Commerce des Neutres ; et pour établir la liberté des mers.

§. 2. Du Jacobinisme des Anglais sur les Mers et des moyens d'en triompher.

§. 3. *Pacte Maritime.* — D'une association des Nations pour la protection des droits et du Commerce des Nations qui seroient neutres en tems de guerre.

§. 4. Observations sur le discours de William Scott, Juge de l'Amirauté Anglaise.

———

A PARIS,

IMPRIMERIE-LIBRAIRIE DU CERCLE-SOCIAL;
(1800)
AN 9 DE LA RÉPUBLIQUE.

PACTE MARITIME.

§ Ier.

Dissertation sur une prétendue loi des na-
tions; et sur les droits du commerce des
neutres, et pour établir la liberté des mers.

EN traitant du commerce des neutres et
de la liberté des mers, il ne s'agit point ici
de suivre, en aucune manière, les Grotius,
Puffendorff et Vattel; je commencerai par
les *premiers* principes, et je démontrerai
d'abord :

1°. Qu'il n'existe point encore de loi des
nations, proclamée par les nations.

2°. Qu'il est nécessaire de former cette loi,
de la proclamer et de la faire exécuter.

Les nations dans leur état originel, sont
par rapport aux autres nations, comme
les individus dans un état de nature. De
cet état originel elles arrivent à la formation des traités, et le traité ou les traités
ainsi formés entre deux ou plusieurs nations deviennent une loi pour les parties

A

contractantes , mais pas davantage : ces traités n'ont aucune force d'action ou de pouvoir coërcitif pour les autres nations ; ces traités ne font point partie d'une loi générale des nations , à moins que tous les traités n'aient été formés sur un principe unique et commun à tous. Et c'est pour avoir confondu la loi des traités avec une loi des nations , qu'on a pensé à tort que cette loi des nations existoit parmi nous.

Grotius , Puffendorff, Vattel et quelques autres ont beaucoup écrit sur cette matière, et souvent même avec sagesse ; mais leurs écrits divers ne sont pas *des lois* , mais bien plutôt leurs *opinions* sur ce qu'ils imaginoient devoir être des lois ou les principes d'après lesquels on devoit consentir ces lois.

Ces écrivains n'étoient pas plus autorisés, que nous ne le sommes , par les diverses nations de l'Europe à établir , pour toutes et chacune de ces nations, un code de lois universel : tout ce qu'ils pouvoient faire étoit d'établir seulement l'état de la question et de donner ensuite leur opinion particulière : il est donc évident que dans leurs

(7)

écrits polémiques et diplomatiques , il n'y
a rien de semblable à une loi générale ,
consentie entre les nations.

Il n'est pas moins évident qu'on ne peut
extraire ou former une loi générale des
nations, d'après la loi ou les lois, ou les
articles d'un traité : car ces traités sont des
choses particulières, et l'on y trouve souvent des articles contradictoires. Citons
un exemple :

Le traité de commerce conclu entre la
France et l'Amérique , en 1778, dit que
*les vaisseaux neutres font les propriétés
ou cargaisons, neutres !* Et cependant le
traité de commerce conclu entre l'Amérique
et l'Angleterre en 1794, dit le contraire.

Dans presque tous les traités des autres
nations on rencontre des contradictions
semblables ; on ne peut donc offrir encore
la loi des traités pour une loi générale des
nations.

La seule chose qu'on puisse nommer et
considérer, avec quelqu'apparence de jus-

tice , comme une loi des nations, c'est la *convention* proposée acceptée et défendue par la Russie, pendant la guerre de l'indépendance américaine , et généralement connue sous le nom de *Neutralité Armée*. Cette convention fut signée et ratifiée par une grande majorité des nations maritimes de l'Europe. Cette convention avoit pour base que « les vaisseaux neutres rendoient la propriété ou cargaison, neutre ».

Il est assez d'usage parmi les diplomates d'appeler cette convention, là loi *moderne* des nations, comme s'il y avoit déjà une loi *ancienne*, sur des principes contraires et légalement reconnus , comme l'a été cette convention , quoiqu'il soit vrai qu'une telle loi n'existe pas et n'a jamais existé ; il n'y a donc rien encore de semblable à une loi des nations , mais s'il y en a quelqu'une , c'est la convention qui déclare que les vaisseaux neutres font la propriété ou cargaison, neutre.

Il suit de-là que tous les traités contraires à cette déclaration sont une violation manifeste d'une loi générale des nations; or une nation - individu, ou plusieurs nations, n'ont pas le droit de transgresser impunément une loi générale des nations, formée pour l'indépendance et la sûreté de toutes les nations. — La puissance violatrice de cette loi générale doit supporter toutes les conséquences de son infraction.

Venons enfin à la racine de cette importante question, que nous pourrions en quelque sorte appeler *l'Ordre du jour*.

Le cabinet de Saint-James, comme puissance belligérante, se prétend investi du droit de visiter les vaisseaux neutres sur les mers. Il prétend encore tirer ce droit là de la *loi des nations* ; c'est néanmoins une évidente usurpation ; car ce droit prétendu ne peut pas être considéré comme une loi des nations, ni même comme la conséquence d'une loi des traités.

Jenkinson, président de la Table du commerce et des *plantations* en Angleterre, a publié une collection de traités.

Nous avons lu son ouvrage , mais il y a long-tems, et notre mémoire ne nous rappelle aucun article spécial qui permette à une puissance belligérante de visiter les vaisseaux neutres, ce qui est bien loin encore d'un *droit* de les visiter toutes, que réclame le cabinet de Saint-James.

Presque toujours en formant des traités, et sur-tout des traités de commerce, on a soin d'introduire un article spécial sous le titre *Contre bande* de guerre, parce qu'en tems de paix ces mêmes articles ne sont point contre-bande.

Le mot *contre-bande*, composé dans sa formation étymologique des deux mots *contra*, contre, et *ban*, édit, proclamation, ou loi, prouve, irrésistiblement, dans sa primitive signification, que ces divers articles *contre-bande* ne sont rien autre chose que des articles divers accidentellement prohibés par un édit, proclamation ou loi.

Ainsi dans un traité, le sens légal d'un tel article, contre-bande, est un contrat mutuel entre les parties de défendre respectivement dans leurs états à tous leurs citoyens ou sujets, de fournir aux puissances belligérantes les susdits articles mentionnés au traité.

Lorsque la partie contractante qui sera neutre fait de telles prohibitions par édit, proclamation ou loi, l'article du traité qui a un rapport direct avec les articles de *contre bande* en tems de guerre est parfaitement rempli. Le pouvoir belligérent n'a plus le droit de visiter, fouiller, arrêter ou molester aucuns de ses vaisseaux. C'est prendre pour l'exécution de l'article contre bande ou de prohibition, la foi promise de tel ou tel gouvernement, comme on l'a déjà reçue pour tous les autres articles d'un traité. Les traités entre les gouvernemens ne peuvent avoir de force et d'activité qu'entre ces mêmes gouvernemens ; mais il n'y a point là d'universalité légitime qui puisse enchaîner à ces mêmes conditions les citoyens ou sujets de tel ou tel autre gouvernement.

Parmi les guerres nombreuses qui ont ravagé l'univers, il en est peu dont les prétextes d'attaque et d'incursion ne soient injustes ; où donc est la raison par laquelle on puisse troubler tous les autres individus ou nations d'un monde paisible dans leur commerce sur l'Océan, parce que deux ou plusieurs nations veulent s'entregorger et se détruire , ? Si la partie contractante, qui sera neutre , a découvert que ses con-citoyens ou sujets ont transgressé les lois de prohibition et de neutralité, c'est à elle seule de les punir ; c'est encore au ministre de la puissance belligérante qui réside chez la puissance neutre , de lui dé-noncer , dès qu'il en est informé , la trans-gression du citoyen ou sujet , pour que cette puissance fasse punir l'infracteur de ses lois ; car rien n'est plus monstrueux et plus injuste , en théorie comme dans la pratique , que le gouvernement d'une na-tion neutre puisse déléguer aux nations belligérentes un droit de contrôle et de jugement sur ses propres citoyens ou sujets qui traverseront paisiblement les mers.

Donc le prétendu droit , réclamé par le gouvernement anglais, de visiter les vais-seaux neutres , n'est qu'un droit d'usurpa-tion.

Il ne reste donc plus maintenant aux nations qu'à concerter entre elles des mesures efficaces pour empêcher les puis-sances belligérentes d'usurper ces droits

prétendus de visite, fouille et molestation :
ce qui seroit assez difficile à obtenir si elles
avoient à traiter avec des puissances
vivant de rapines, et à dire le vrai,
sans commerce qu'on puisse atteindre;
mais cela devient praticable et même fa-
cile avec l'Angleterre qui vit de commerce,
et dont le commerce avec les nations neu-
tresdont elle dépend, leur offre des moyens
sûrs de protection générale et individuelle
en dépit de toutes les flottes. C'est pour
éclaircir d'autres doutes et parvenir à ce
but,que nous avons esquissé les deux essais
qu'on va lire : (1)

---

(1) — — Ces observations étoient déjà écrites
et adressées au vice - président des États - Unis
d'Amérique et au consul américain à Paris, quand
l'auteur de ces essais a vu l'excellente note officielle du
ministre danois Bernstoff, au ministre anglais Merry,
relative à la *saisie et arrêt* d'une frégate danoise, par les
Anglais, au détroit de Gibraltar, qui servoit de convoi
à quelques vaisseaux marchands danois.

Lorsque des hommes de diverses nations, qui ne se
connaissent nullement et connaissent moins encore leurs
opinions particulières, s'unissent et adoptent la même

opinion , ou telle opinion , que la plus légère explication suffit pour les confondre ensemble, c'est une preuve , qui tient de l'évidence , que l'opinion dont il s'agit , est justement établie.

Les principes exposés dans la note officielle du cabinet danois , et dans la pièce ci-dessus , sont les mêmes , avec cette différence simplement que la *note officielle* paroît vouloir admettre que les vaisseaux armés, d'une puissance belligérente , peuvent visiter des vaisseaux neutres *non - convoyés*, pour s'assurer qu'ils sont neutres, et que leurs papiers, passes ou passeports sont en bon ordre , *en règle !* — Mais après cela , c'est- à-dire après l'assurance de la neutralité , la note du ministre danois , Bernstoff, coïncide immédiatement avec nos observations , c'est-à-dire que le vaisseau ou bâtiment d'une puissance ou nation belligérente , doit accepter , pour *foi promise , toute* promesse d'une nation neutre.

Paroles textuelles de la note officielle du ministre Bernstoff :

« La visite exercée par les corsaires ou vaisseaux de guerre des puissances belligérentes à l'égard des bâtimens neutres allant sans convoi , est fondée sur le droit d'en reconnaître le pavillon et d'en examiner les papiers. Il ne s'agit que de constater leur neutralité et la régularité de leurs expéditions. Les papiers de ces bâtimens étant trouvés en règle , aucune visite ultérieure ne peut légalement avoir lieu ; et c'est par conséquent l'autorité du gouvernement, au nom duquel ces documens ont été dressés et délivrés , qui procure à la puissance belligérante la sûreté requise. » (*Vid.* Citoyen Français , 18 *vindémiaire.*)

Quant aux bâtimens ou vaisseaux neutres , *convoyés* par un vaisseau ou bâtiment de ce gouvernement neutre, la note officielle expose qu'aucune visite ne peut avoir lieu sous aucun prétexte ; et voici les propositions du ministre Danois :

« Mais le gouvernement neutre, en faisant convoyer par des vaisseaux de guerre les navires de ses sujets commerçans , offre par-là même aux puissances belli- gérantes une garantie plus authentique, plus positive encore que ne l'est celle qui est fournie par les docu- mens dont ces navires se trouvent munis ; et il ne sau- roit, sans se déshonorer, admettre à cet égard des doutes ou des soupçons, qui les conserveroient ou les manifesteroient. »

De ces deux circonstances, des vaisseaux *avec con- voi* ou *sans convoi*, résulte une autre circonstance qui les réunit l'une et l'autre ; car le convoi, stricte- ment parlant, n'est autre chose que le *pavillon* sous lequel navigue le vaisseau marchand. *Le vaisseau gouvernemental* de la nation neutre , sous la protection duquel (contre les pirates) la marine marchande neutre navigue, est en même-tems un témoignage *visible* (même d'un coup-d'œil et de très-loin) pour les puissances belligérantes que ce pavillon est *neutre.* Il est donc évident que la puissance belligérante n'a rien à demander à un vaisseau neutre que *la réalité* de son pavillon. Ce pavillon une fois reconnu, la puissance ou les puissances belligérantes n'ont rien à démêler avec ses papiers ou cargaison.

Dans toute espèce de cas ou accidens prévus ou non prévus, le pavillon neutre, une fois reconnu, est la garantie de la foi promise et de la neutralité d'un gouvernement ami, pacifique, libre et indépendant.

C'est le pavillon des neutres et non leur canon qu'on doit respecter.

S. II.

Du Jacobinisme des Anglais, sur les mers, et des moyens d'en triompher, adressé aux nations neutres, par un Neutre.

L A tyrannie, les insultes et l'injustice des Anglais sur les mers, dans toutes les parties du monde et contre toutes les Nations, sont enfin portées à un degré qui provoque l'indignation universelle. Mais il est encore possible de remédier à tant de maux : en voici les moyens.

La France est la seule Nation capable de balancer le pouvoir des anglais sur les mers : c'est parce que la marine française est en grande partie détruite, et la balance du pouvoir maritime avec elle, que

l'angleterre

'Angleterre ose commettre de si graves injustices. Toutes les nations commerçantes souffrent de la perte de la marine française.

L'Angleterre amuse l'Univers avec les dangers de ce qu'elle appelle *les principes jacobins*, et cela dans un tems où rien de semblable à ces prétendus dangers, n'existe en France. Mais les principes jacobins de l'Angleterre sur l'Océan, augmentent chaque jour. Tous les jours *les droits du commerce* sont envahis, insultés et détruits.

Quand l'empereur Paul arriva au gouvernement de la Russie, il avoit devant lui un grand et glorieux objet : c'étoit la protection du commerce des neutres et la liberté universelle de l'Océan ; mais contre son caractère, naturellement porté aux vastes entreprises, il perd de vue ce grand dessein pour un petit objet. Il est entré dans une coalition avec l'Angleterre, dont la politique étoit de s'en servir pour son propre avantage, et d'en faire contre lui-même un instrument de ruine. Sa franchise et son *manque de soupçon* ont pré-

B

paré le piège où il est tombé. Si la coalition eût réussi , et que la France eût été conquise , l'importance de la Russie, comme puissance maritime , eût été *absorbée* avec elle : sa marine alors ne lui auroit plus été d'aucun usage , et Paul aurait pû la donner entièrement au gouvernement anglais. Ce gouvernement auroit eu soin que la marine française ne pût jamais revivre ; et c'est alors que toutes les petites marines du Nord eussent été comme des prisonniers gardés à vue.

Toutes les nations commerçantes de l'Europe et même du monde entier, sont maintenant intéressées à défendre la France contre le jacobinisme des anglais sur l'Océan. Ce n'est pas seulement leur intérêt, c'est encore leur honneur outragé qui leur en fait une loi. La France n'a pas besoin de secours pour elle-même. Elle est en état de détruire toutes les coalitions qui s'armeront contr'elle, et aussi souvent qu'elles en voudront de nouvelles preuves : mais il y a derrière la scène de ces combats, le grand objet dont nous parlons , *les droits du commerce et la liberté des mers :* ils sont tellement attachés aux destinées de la France, qu'il leur faut vivre ou tomber avec elle.

Si le gouvernement de France concluoit un traité de paix avec l'Angleterre, sans établir dans ce traité quelques principes sur les droits du commerce et sur la prochaine liberté des mers, les nations qui souffrent maintenant, toujours inquiétées dans leur commerce par la tyrannie anglaise, ne seroient que trop disposées à murmurer. Que toutes les Nations contribuent donc à leur défense commune, tandis qu'il en est tems encore, pour obtenir l'objet si nécessaire à leur intérêt particulier.

On doit considérer l'Angleterre sous un double point de vue. D'abord, comme une grande nation commerçante ; et ensuite, comme une grande puissance maritime. Sa marine *dépend* de son commerce, mais son commerce *dépend* de la volonté ou du consentement des Nations, qui lui permettent de commercer avec elles. Ce consentement est à son tour en la puissance des Nations, qui peuvent l'accorder ou le refuser : l'Angleterre est donc en effet une Nation *dépendante* des autres Nations. La grandeur de la France est intérieure et inhérente à son existence ; celle de l'Angleterre est disséminée, et toute entière attachée à des choses extérieures qu'il n'est pas en sa puissance de diriger à son gré.

Si les Nations neutres de l'Europe, ensemble avec les Etats-Unis d'Amérique, entroient dans une association pour suspendre tout commerce avec toute Nation belligérente qui molesteroit quelque vaisseau appartenant à cette association, l'Angleterre à l'instant perdroit son commerce, ou consentiroit dès-lors à la liberté des mers.

Pendant la guerre d'Amérique, une neutralité armée fut formée dans le Nord, sous la protection de la Russie : les marines de France et d'Espagne étoient alors en pleine activité ; et cet heureux état des choses fit respecter la neutralité armée. Mais la balance du pouvoir maritime entre la France et l'Angleterre étant maintenant rompue, une neutralité armée ne feroit pas sur l'Angleterre une forte impression. Point de neutralité armée du Nord qui puisse inspirer des allarmes, si les flottes de France et d'Espagne ne balancent pas la marine anglaise, ne retiennent pas ses vaisseaux dans la Manche, ou dans quelque autre mer du Midi. La Prusse, par sa position, peut faire respecter son pavillon; et quoiqu'elle ne soit pas un grand pouvoir maritime, elle peut jeter un poids immense dans une neutralité armée : Georges sait bien que la Prusse peut s'emparer de l'Hanovre.

Mais dans l'état présent des affaires, et même dans tous les tems, c'est une *neutralité désarmée*, (qui peut se faire tout de suite, et qui ne coûte ni sang, ni argent), c'est une association commerciale dans le genre de celle dont nous venons de parler, qui peut seule commander le respect au gouvernement anglais. C'est par son commerce que l'Angleterre est *vulnérable*; c'est pour elle le talon d'Achille.

Le commerce des Nations septentrionales est de la plus grande importance pour l'Angleterre : elle peut à peine subsister sans ce commerce; et les Nations du

Nord peuvent aisément se passer d'elle : conséquemment , ces Nations ont dans leurs propres mains la puissance de faire la véritable loi des Nations , et de ne point permettre à l'Angleterre de leur dicter , pour loi universelle , sa volonté. La protection que le commerce peut se donner à soi-même par le moyen d'une association commerciale (sur - tout si Hambourg y est compris, ce que Hambourg ne peut refuser) , est au moins d'un poids égal à une neutralité armée ; mais les deux moyens réunis seroient dès ce moment capables de faire la loi, ou du moins de faire pâlir le despotisme de l'Angleterre, jusqu'à ce que la marine française soit assez forte pour rétablir la balance du pouvoir maritime ; et c'est alors qu'on peut former une loi générale des Nations , œuvre de bienfaisance et de génie, qui immortaliseroit la république française dans le monde commerçant.

Jusqu'ici les nations de l'Europe , et spécialement celles du Nord ont été abusées par l'Angleterre, avec tous ses grands cris de religion , de jacobinisme et autres clameurs, inventés par l'hypocrisie et des desseins secrets : mais il est nécessaire et il est tems que les nations regardent enfin cette guerre sous le vrai point de vue, en ce qui concerne l'Angleterre ; ce n'est rien autre chose de la part des tyrans des mers qu'une *guerre de monopole.*

La France, grande par elle-même, par ses entrailles, n'est point naturellement possédée de l'esprit de monopole : elle a un vaste champ d'amélioration et de prospérité intérieure, qui vient de s'ouvrir pour elle. Cela demandera bientôt tous ses soins, toute son attention ; elle en sera toute entière occupée. Le monopole ne peut jamais faire partie de sa politique. Ses intérêts à l'extérieur sont dans l'étendue des droits du commerce des nations, et nullement dans le besoin de les *monopoliser.* Elle a maintenant en sa puissance les plus grands moyens d'être utile au *monde commercial*, si ce monde commercial s'unissoit aux meilleurs desseins, chacun pour son intérêt particulier. Voici des faits et des espérances :

Le gouvernement anglais, en refusant avec insolence de ratifier le traité d'El-Arisch, a forcé l'armée française à rester en Egypte. Il n'est pas difficile de voir que la politique de l'Angleterre étoit d'y retenir l'armée française, afin de pouvoir y poser un pied *amical*, et se faire un prétexte de cette capture conditionnelle, pour s'établir en Egypte à la place de l'armée française, à la tête de la mer Rouge. Elle auroit alors occupé les deux passages aux Indes, à l'exclusion du reste des nations : c'est une conséquence évidente de son esprit de monopole.

Mais il en est arrivé autrement, et voici les plus grandes espérances de l'universelle prospérité du commerce des nations; comme l'Angleterre a saisi le cap de Bonne-Espérance, il seroit de la meilleure politique de garder, du consentement de l'Egypte, la tête de la mer Rouge, et de permettre aux nations du Nord de commercer par ce canal avec les nations de l'Orient. La Hollande, en particulier, seroit, par cela seul, indemnisée de la perte du cap de Bonne-Espérance. C'est un des avantages que le monde commerçant peut retirer de la révolution française, et par les moyens de sa puissance; tandis que de la part de l'Angleterre, elles ne peuvent attendre que monopole, oppression et insultes. L'Egypte gagneroit beaucoup à cet établissement ; et non-seulement il est de son intérêt d'y consentir, mais d'employer tous les moyens en son pouvoir pour concourir à le rendre stable. C'est l'Angleterre *seule* qui est intéressée à s'y opposer ; et quel que soit son intérêt, il est évidemment contraire à la prospérité des autres nations.

Il est tems que ces nations se réveillent de leur léthargie, et qu'elles ouvrent les yeux sur leurs intérêts véritables. Quant aux coalitions, il y a en elles quelque chose de vil, de lâche, de méprisable : elles commencent par l'intrigue et finissent par d'horribles disgraces. Les chétifs et petits états de l'Allemagne peuvent être achetés et vendus comme du bétail à la foire, et pour excuse ils peuvent alléguer leur *nulle-existence* ; mais la Russie doit avoir d'autres sentimens. Pierre - le - Grand eût méprisé les intrigues des coalitions : il auroit été frappé d'étonnement à la vue des efforts que la France a faits ; et au lieu de conspirer contre sa prospérité, il

seroit demeuré inébranlable et dans l'ad-
miration. Pourquoi Paul, qui semble vouloir l'imiter et le surpasser, n'a-t-il pas
fait la même chose ?

Le majestueux spectacle d'une Nation
qui combat invincible toutes les coalitions
de l'Europe, a des droits aux respects du
monde entier, ou du moins à son admira-
tion ; et pour emprunter une métaphore
d'une fable juive, la France est comme
un buisson ardent, non-seulement *incon-
sumée* ,

Il faut de nouveaux mots à de nouveaux prodiges ,

mais élevant sa tête haute, et en souriant,
au-dessus des flammes. Elle met au néant
les innombrables coalitions : c'est la foudre
qui a frappé. Combats et victoires sont sy-
nonymes pour la France républicaine.

§ III.

PACTE MARITIME.

D'une association des nations pour la protection des droits et du commerce des nations, qui seroient neutres en tems de guerre.

Attendu que les vexations et les injures auxquelles le commerce et les droits des nations neutres sont exposées pendant les guerres maritimes ont rendu absolument nécessaire *une loi des nations*, pour empêcher la continuation ou le renouvellement de ces injures ou griefs, et pour garantir aux nations neutres, pendant la durée de ces guerres, l'exercice de leurs justes droits, nous, Pouvoirs soussignés, nous formons une association générale et le contrat suivant, pour établir un Pacte maritime ou *loi des nations* sur les mers :

ARTICLE PREMIER.

(Définition des droits des nations neutres.)

Considérant :

1º. Que les droits des nations, tels que ces

nations les exercent en tems de paix, dans leur mutuel commerce les unes envers les autres, sont et doivent être les droits des nations neutres, *dans tous les tems*, parce que ces droits n'ont point été abandonnés par elles, et ne peuvent justement leur être enlevés, par une déclaration de guerre entre une ou plusieurs nations ; car ces guerres de nation à nation, étant réellement l'acte de ces nations qui se font la guerre, et nullement *le fait* des nations neutres, ne peuvent jamais, soit qu'on les considère en elles mêmes ou dans leurs conséquences, détruire les droits des nations restées neutres et dans un état de paix.

Article II.

Que les bâtimens ou vaisseaux des nations qui peuvent rester neutres pendant le cours de ces guerres, ont le droit de commercer librement sur les mers, comme en tems de paix (puisqu'elles sont réellement en paix), et de procéder et d'entrer dans tous les ports de chacune de ces puissances belligérentes, du consentement de cette puissance, sans être molestés, repoussés, visités et fouillés par la nation ou les nations avec qui cette nation est en guerre.

Article III.

Pour la conservation des droits sus-mentionnés, nous Pouvoirs soussignés, et tous engageant notre honneur pour le maintien de nos conventions, nous déclarons :

1°. Que si quelque puissance belligérente saisit, moleste ou visite et fouille un bâtiment ou vaisseau appartenant aux citoyens ou sujets de quelqu'unes des puissances composant notre association, toutes et chacune des puissances soussignées cesseront d'importer et ne permettront aucune importation de bâtimens ou vaisseaux quelconques, chargés de quelqu'espèce de marchandises que ce puisse être, de la part de la nation qui auroit violé *le Pacte Maritime*, ici établi et proclamé.

Article IV.

Que tous les ports appartenans aux diverses puissances de cette association seront fermés au pavillon de la nation qui aura violé *le Pacte maritime.*

Article V.

Que nulle remise ou paiement en argent,

marchandises ou lettre-de-change ne pourra
être faite par aucuns des citoyens ou sujets
d'aucunes des puissances ayant formé cette
association , aux citoyens ou sujets de la
nation offensante , pendant le terme d'un
an , ou jusqu'à réparation complette. La
réparation sera . . . . . de fois la valeur des
pertes ou dommages qui auront été causés.

Article VI.

Si quelque bâtiment ou vaisseau appartenant à des citoyens ou sujets de l'une des
puissances de l'association se trouve saisi
par quelque vaisseau ou par des vaisseaux
de quelque puissance belligérente, soit qu'il
ait été violemment empêché d'entrer dans
le port de sa destination , ou qu'il ait été
saisi ou capturé en sortant du port , et violemment empêché de se rendre à sa nouvelle
destination, soit qu'il ait été fouillé ou visité
par quelqu'agent, venant à bord dudit vaisseau, le gouvernement ou pouvoir exécutif
de la nation dont le vaisseau auroit été ainsi
visité, empêché ou molesté , fera , immédiatement après avoir constaté les griefs ,
une proclamation de ces injures et vexations !

Copie de ladite proclamation sera envoyée à l'*Exécutif* de chacune des puissances de l'association, qui la fera publier dans toute l'étendue de son gouvernement avec une déclaration solemnelle qu'à l'expiration de.... jours, après la publication, les articles du code pénal du Pacte maritime ou loi des nations seront exécutables et exécutés contre l'agresseur.

ARTICLE VII.

Si la réparation des torts et griefs n'a pas été consommée dans l'espace d'un an, les susdites proclamations seront alors renouvellées pour un an et pour les années suivantes.

ARTICLE VIII.

Le Pacte maritime se choisit un pavillon spécial pour être arboré conjointement avec le pavillon national par tous les bâtimens et vaisseaux de toutes les nations qui ont formé l'association générale.

Ce pavillon sera une *flamme* au haut du grand mât, composée des couleurs de l'arc-en-ciel et dans le même ordre que les couleurs sont nuancées dans ce phénomène.

Article IX.

Et attendu qu'il peut arriver qu'une ou plusieurs des nations composant le Pacte maritime, soient, au moment où il est proposé, formé, ou pour des tems à venir, dans un état de guerre les bâtimens ou vaisseaux de cette nation, ou de ces nations belligérentes, ne pourront arborer au grand mât *la flamme* du Pacte maritime, abandonnée aux vents ; mais elle sera nouée, en forme de ceinture, autour du grand mât, pour annoncer qu'ils sont membres de l'association, et qu'ils en respectent les lois.

Article X.

Et attendu qu'il est contraire aux principes politiques et moraux de la neutralité, qu'aucune nation neutre puisse fournir aux nations belligérentes ou à quelques unes d'entr'elles les moyens de guerroyer les unes contre les autres : Nous, Pouvoirs, soussignés, composant l'association générale, déclarons chacun de Nous, en ce qui nous concerne , que dans notre domaine ou gouvernement spécial , seront prohibés toute

espèce

espèce d'articles ou magasins militaires, y comprenant la poudre à canon, armes à feu dans tous les genres et aussi toutes les sortes d'armes de fer et d'acier employées à la guerre, par exception cependant et sans y comprendre les outils d'acier, de fer ou autres instrumens à l'usage de la vie civile et domestique, et aussi tous les articles qu'on ne pourroit employer pour la guerre, dans leur état *immédiat*.

Ayant ainsi exposé les motifs moraux et politiques de cette Convention, nous en déclarons les motifs ou intentions civiques :

Comme les nations belligérentes n'ont aucun droit de visiter ou fouiller le bâtiment ou vaisseau appartenant à une nation neutre ou sous la protection de ses lois et de son gouvernement, nous réclamerons pour nous-mêmes le droit prohibitif qui nous appartient spécialement et que nous pouvons seuls exercer d'une manière légale, et de ne point permettre à aucune puissance étrangère en état de guerre d'usurper le droit de législature pour les citoyens ou sujets des diverses puissances composant la générale association.

Et pour ôter à l'avenir tout prétexte de visite ou de fouille , nouvelle cause de guerre , il sera proclamé dans nos gouvernemens respectifs une loi de prohibition pour tous les articles militaires sus-détaillés, sous des peines sévères portées contre les infracteurs de ces édits , ordonnances ou décrets.

Et nous invitons toutes personnes , citoyens ou sujets des nations belligérentes , de fournir toutes informations utiles pour le maintien ou contre la transgression du Pacte maritime, afin de pouvoir poursuivre et punir les transgresseurs.

Et de cette manière nous rendrons sa signification primitive au mot *contre-bande* (*contra-ban*), qui veut dire *littéralement*, ce qui *contredit* la loi, les édits , ordonnances ou proclamations d'un gouvernement ; droit d'exclusion, de prohibition ou de ban que peut seul exercer le gouvernement d'une nation dans la formation des lois , édits , décrets, ordonnances et proclamations pour diriger la conduite des citoyens ou sujets de ces diverses puissances.

En conséquence, et pour l'exécution pleine et entière de tous ces articles, nous les déclarons et proclamons Pacte maritime ou *loi des nations* dans tous les tems, c'est-à-dire, jusqu'à l'époque où les nations pourront former un congrès maritime, et proclamer quelqu'autre loi plus efficace.

Et du moment où la guerre seroit déclarée entre deux ou plusieurs nations, nous invitons toutes les nations neutres, membres ou ne faisant pas encore partie de notre association désarmée, de nommer chacune leurs députés pour se réunir en congrès dans un lieu central, et prendre connaissance de toute espèce de violation des droits des nations neutres par les puissances belligérentes.

Il sera peut-être nécessaire, pour l'exécution du Pacte maritime, que l'association des nations ait un président pour un tems donné, et que la présidence du congrès arrive par *rotation*, pour toutes les puissances qui la composent.

En ce cas-là , et pour la nomination ou élection régulière d'un président du Pacte maritime, le premier président des Nations associées doit être l'Exécutif de la nation la plus septentrionale, parmi les membres de l'association ; son député ou son représentant, sera le président du congrès ; la puissance, après cette première, la plus septentrionale , sera nommée vice-président ; et ainsi de suite par rotation, après l'expiration de la première présidence.

La situation géographique sera déterminée par la latitude de la ville gouvernementale de chaque nation.

Si ce mode d'élection présidentale est adopté , il est nécessaire, pour commencer la rotation , de constituer un premier président.

En conséquence, et pour l'exécution des précédens articles :

La constitution du Pacte maritime nomme l'empereur, Paul Ier. , le premier président des Nations associées, pour la protection du commerce des nations neutres , et pour la garantie de la liberté des mers.

§ I V.

Observations sur quelques passages du discours de William (Guillaume) Scott, juge de l'amirauté, en Angleterre, dans l'affaire du vaisseau suédois, la Maria, capturé par les Anglais.

Après avoir exposé le fait de la capture, le juge de l'amirauté, en Angleterre, a parlé ainsi :

« Le fait exposé, je dois rétablir le droit. » — Je vais, en conséquence, rechercher » quelle est la règle, en d'autres termes, » à quoi sont assujétis les neutres par la » *la loi des nations* : à cet effet, je poserai » quelques principes que *je tiens* pour in- » contestables. » (Vid. *le journal officiel*, 6 *thermidor.*)

Ce passage n'a besoin que d'une observation très-concise ; car c'est une maxime logique, qu'une *fausse position donne une conclusion absurde.*

Et cette maxime s'applique nécessairement au passage déjà cité ; car, premiè-rement, il n'existe encore aucune *loi des nations*, et conséquemment sa *position* est fausse ; secondement, rien n'est plus absurde que de tirer *des conclusions* d'une loi non existante, et d'appeler ces conclusions, des principes incontestables.

Il continue : « Le droit de visiter les » navires marchands en pleine mer , » quels que soient ces bâtimens , leurs » cargaisons et leurs destinations , est » un droit dévolu incontestablement aux » croiseurs patentés d'une nation belligé- » rente ; je dis quels que soient leurs » bâtimens, leurs cargaisons et leurs des- » tinations, parce qu'avant qu'ils n'aient été » visités, on ne sait ni qui ils sont, ni quelle » est la nature de leur cargaison, ni dans » quel port ils se rendent. » (*Journal Officiel* , 6 thermidor , an 8, n°. 326.)

On pourroit lui donner pour toute réponse : *Vous n'avez pas le droit d'en connaître.* Le monde pacifique ne doit pas souffrir de vos disputes particulières. Mais quoique cette réponse soit réellement la réponse véritable et juste à cette assertion dogmatique du juge de l'amirauté anglaise, on en peut démontrer la fausseté d'une autre manière très-palpable ; car raisonner par *déduction* ou *implication*, ou en d'autres termes, par des conclusions supposées, n'est point une loi, car la loi est une chose littérale et positive, et n'admet aucune supposition.

La moralité et la neutralité ont indiqué le principe qui défend aux nations neutres de fournir aux puissances belligérentes des articles ou provisions militaires ; mais en consentant à cela, les nations neutres n'ont point consenti à rendre leurs divers pavillons *suspects*, elles n'ont point consenti à permettre que leurs vaisseaux soient fouillés, visités, retardés ou molestés par les puissances belligérentes.

La foi du gouvernement d'une puissance neutre, (comme nous l'avons répété plusieurs fois) doit être prise, reconnue et consentie pour le tout : et n'y pas croire en un seul point, c'est une insulte faite à une nation neutre, à toutes les nations neutres ; c'est un acte de tyrannie, c'est un acte d'hostilité.

Le juge de l'amirauté anglaise n'a donc argué, en cette occasion, que d'après des conclusions supposées, qu'il a faites lui même, et qu'il appelle, après les avoir faites, la loi des nations, et des principes incontestables.

Servons-nous d'une comparaison, digne de la logique du juge de l'amirauté anglaise, pour mettre dans toute sa lumière l'absurdité de ses raisonnemens.

Supposez deux juges, ayant ensemble une grande dispute et même un cartel pour savoir lequel des deux contendans aura le plus de poudre dans sa perruque (car vous savez, qu'une grande perruque est une très - grande chose pour un juge anglais) ; et si Scott, comme tiers personnage, neutre, impartial et indépendant, (comme les juges doivent l'être, quoiqu'ils ne le soient pas toujours s'est engagé à ne fournir à aucun des deux champions ni poudre à poudrer perruque, ni poudre à canon, ni pistolets, ni balles, ni mousquets à double et triple-tir; cet engagement, de sa part, peut-il donner quelque droit aux

individus qui composent la famille des juges
guerroyans, d'arrêter, visiter et fouiller le
sac et les poches de tous les individus de
la famille de Scott, pour se convaincre qu'il
ne s'y trouve ni poudre à poudrer perruque,
ni poudre à canon, ni pistolets, ni balles,
ni mousquets à double ou triple-tir ; ou
d'ouvrir leurs lettres et autres papiers ?
(et il seroit possible que le juge eût écrit
un *billet doux*).

C'est cependant *le droit* (qu'on nous par-
donne cet abus des termes) de faire ces
fouilles, visites, retards et vexations, que
le juge de l'amirauté anglaise voudroit
tirer par *déduction* de ce qu'il appelle des
principes incontestables.

Tout le discours du juge de l'amirauté anglaise est fondé sur une allégation
mensongère : car s'il existoit une loi des nations, telle qu'elle doit être et telle qu'on
peut espérer qu'elle sera faite, le principe
qui doit former cette loi des nations seroit
contraire aux propositions du juge. Cette
loi des nations doit être une loi de répression, de surveillance, et de contrainte
contre les pouvoirs maritimes belligérens;

et aussi une loi de protection pour les nations neutres, contre les déprédations des puissances qui se font la guerre.

Des lois de répression ne sont faites que pour ceux qui ont violé le contrat social et pacifique, et nullement contre ceux qui lui sont fidèles. D'après les assertions du juge belligérent, sa loi des nations auroit à soumettre au joug des puissances belligérentes, les neutres pacifiques ; et ces puissances belligérentes auroient le droit d'agir à leur gré, sans respecter aucune loi des nations. Suivez sa doctrine, et *les droits* sont tous en faveur de ceux qui se font la guerre, et les humiliations et les spoliations pour tous ceux qui aiment la paix. Dès qu'une nation se précipite dans les abîmes de la guerre, elle rompt tout-à-coup la paix générale du monde entier ; et il est absurde de supposer que cette nation doit acquérir de nouveaux droits, par un acte de démence ou d'orgueil, digne de châtiment.

Parmi les réglemens qui manquent pour la mer, il doit y en avoir un pour empêcher les nations d'arborer tout autre pavillon que le leur.

T. P.

L'Imprimerie - Librairie du Cercle - Social se charge , toujours , de la formation des Bibliothèques, de toutes commissions en librairie , et de l'impression dans toutes les langues , à son compte ou au compte des Auteurs.

On trouve à la même adresse :

Les Écoles Normales , 9 vol. 8° et un cahier de Planches , 49 francs. — Cet important ouvrage , ce faisceau de lumières , ce tableau élémentaire des connoissances humaines , ce premier *Livre National* a fait époque dans les annales de la République des lettres : la sensation qu'il a produite ne s'effacera jamais.

Les droits de l'homme. — *Le Sens-commun.* — *Le Siècle de la Raison.* — *Décadence et chûte de la Banque d'Angleterre*, par Thomas Paine.

Histoire de l'Europe Moderne , depuis l'irruption des peuples du Nord dans l'Empire romain jusqu'à nos jours, par Nicolas Bonneville , année 1788 , première livraison , 3vol. in-8 12 francs.

Les *Poésies de Nicolas Bonneville*, avec cet épigraphe :

» Et moi aussi , je me connoissois à peine , que je me
» sentis né pour le bonheur du genre humain. J'ai aussi
» une voix *éternelle*, une puissance *créatrice*. Je dirai
» aussi au Soleil : Éclaire. Le Monde sera éclairé «.

Nouvelle édition, un vol. 8° : prix 4 fr. port franc.

Discours de Cicéron , précédés de *la Constitution des Romains ,* sous les rois et aux temps de la république, avec les portraits de Cicéron et d'Auger ; prix 50 fr. , port franc par la poste. L'utilité de cet ouvrage classique , qui a coûté vingt années de travail à son auteur , est reconnue.

Le *Tribun de* 1789 , et sa *Bouche de Fer*, par Nicolas Bonneville, cinquième édition. — Et le Vieux Tribun de 1797. — Deux vol. in-8. avec gravure, la *création*, par Raphaël ; *5* fr., et 7 fr. port franc.

Collection des trois années républicaines de la *Feuille Villageoise* ; prix 18 fr. et 24 fr. port franc.

De l'*Esprit des Religions*. — Par Nicolas Bonneville , nouvelle édition, 2 vol. in-8 ; 7 fr. et papier vélin , 16 fr. port franc par la poste.

Choix de Mémoires sur divers objets d'histoire naturelle par Lamarck, Olivier, Brugnière , Manuel, professeur d'histoire naturelle, Haüy, et avec un grand nombre de magnifiques gravures; 2 vol. in-8. , 3o fr., et in-4. 5o fr.

Bulletin des Amis de la Vérité, par Gensonné, Vergniaud, Condorcet, Bonneville , Mercier , etc. — Depuis le premier janvier 1793, jusqu'au premier mai ; *une collection* 5oo fr.

La *Chronique du mois*, ou les Cahiers patriotiques des Amis de la Vérité , par Nicolas Bonneville , Condorcet, Mercier, Clavière, Fauchet, Thomas Paine, Auger, Brissot, Roland , Kersaint , Bidermann, Garan-Coulon, Guadet, Vergniaud, Gensonné , etc. 4 vol. in-8.; prix 45 fr. port franc.

L'*Hymne des Combats*, hommage aux armées de la République, nouvelle édition, 5o cent. port franc.

Le BIEN-INFORMÉ, depuis le premier Complémentaire an 8, jusqu'au 16 Germinal de la même année, par Nicolas Bonneville. *Une collection.* 1200 francs.

Livres d'assortiment.

Bacon , latin et anglois ; 3 vol. fol. — Shakespeare, 9 vol. in-18-.—Newton, en latin , 3 vol. in-4. — Biblia Sacra , dans toutes les langues , etc. etc.